ZWE

TAGORE

Zwervende vogels

WERELDBIBLIOTHEEK
AMSTERDAM

Oorspronkelijke titel: *Stray Birds*
Vertaald door Johan de Molenaar
Portrettekening van R. Fryling

Eerste druk 1941;
vijfentwintigste druk 2001

ISBN 90 284 1768 0

Het is alweer ruim veertig jaar geleden dat, als gevolg der toekenning van de Nobelprijs, ook in de Westerse landen allerwegen belangstelling ontstond voor de Indisch-Bengaalse dichter-filosoof Rabindranath Tagore, die in 1861 te Calcutta werd geboren uit een geslacht van zeer hoogstaande, verlichte Hindoes, die reeds sinds ongeveer een eeuw een belangrijk aandeel gehad hadden in de geestelijke renaissance, waarbij de oude wijsheid der Veda's en Upanishads opnieuw in het licht gesteld werd.

In het begin der 19de eeuw onderscheidde zich, met betrekking tot dit ‚réveil', Tagore's grootvader, Dwarkanath Tagore (Thakur = Heer), die een stuwende kracht was van de religieuse reformatie, de z.g. Brahma Samaj, welke zich o.a. richtte tegen de afgodendienst. Na zijn dood werd zijn werk voortgezet door zijn zoon, Debendranath Tagore, die wegens zijn heilige levenswandel de titel van Maharshi kreeg, waarmede de grote

heiligen en zieners uit vroegere perioden begroet werden. Zijn autobiografie is een der meest inspirerende werken der Bengaalse literatuur.
Rabindranath Tagore was dus geen onverwachte verschijning voor het Oosten. Voor ons Westerlingen was zijn poëzie destijds echter iets geheel nieuws, dat ons sterk trof en ontroerde, vooral door de ideale eenheid van de poëtische en mystiek-religieuse elementen, waaruit dat werk bestond. Lyriek, die tot verhevenheid en heiligheid opsteeg, — heiligheid, die zich tot lyriek verinnigde. Een stem, van het andere eind der wereld, groot en zacht, vol goedheid en eenvoud en van een heldere diepte. Geen wonder, dat in het Westen de meest superieure geesten zich voor de figuur van Tagore interesseerden. Om slechts enkele namen te noemen: de Ierse auteur W. B. Yeats, eveneens dichter van vaak magische kracht, bekende in de voorrede van de door Tagore zelf bezorgde Engelse ver-

taling der ,Gitanjali' (,Wij-zangen') van 1912, dat die poëzie hem een wereld voortoverde, waarvan hij zijn gehele leven gedroomd had. In Frankrijk was het Anré Gide, die Tagore's werk vertaalde en in ons land vonden de bewerkingen van Frederik van Eeden grote verspreiding.
Tagore, als zeer verlicht wijsgeer, had ook van zijn kant veel contact met de Westerse beschaving, onderging aanvankelijk zelfs invloed van W. Scott, Shelley, Keats en Browning, schreef studies over Dante, Petrarca, Goethe, Victor Hugo; in een zijner bundels komt een gedicht op Shakespeare voor. Hij bereisde een aantal Europese landen en hield lezingen in Amerika. Behalve zijn bundels poëzie, heeft hij een groot aantal romans, novellen, toneelstukken en filosofische geschriften op zijn naam staan.
Op zijn dertiende jaar debuteerde hij met een dichtbundel. Hetgeen hij tot zijn 25ste jaar produceerde rekent men

tot zijn jeugdwerken. Daarna volgen zijn rijpere werken die, zonder iets van de poëtische frisheid te verliezen (integendeel!), steeds wijsgeriger en religieuzer van inslag worden. Inmiddels heeft Tagore allerminst als een asceet geleefd, doch het leven ten volle doorproefd en gekend, waarbij hem niets bespaard is gebleven. In 1902 verliest hij zijn vrouw, in 1904 zijn jongste dochter, in 1907 zijn oudste zoon.

In zijn latere werken, waartoe ook het hier geboden boekje behoort, bereikt zijn door mystiek en symboliek gedragen lyriek haar hoogtepunt, bij alle eenvoud en spontaneïteit, waardoor zij ook voor ons volkomen verstaanbaar is, zodat voor dit geval de uitspraak van Rudyard Kipling (de imperialist!), dat Oost en West nimmer kunnen samenkomen, zeker niet steekhoudend is. Tagore vertolkt alle algemeen menselijke gevoelens (voor de auteur, de evenmens, de mensheid, kinderen, het vaderland, God) en dit alles uitgedrukt op meesterlijke wijze in wat men zou kunnen noemen poëtische aforismen: niet meer (en vooral niet minder!) dan enkele lichte, zwevende woorden boven een afgrond van verzwegenheden . . .

DE VERTALER

Zwervende zomervogels komen aan
mijn venster om te zingen en
vliegen weg.
En gele herfstbladeren, die geen
liederen hebben, dwarrelen en vallen
daar neer met een zucht.

O, troep van kleine vagebonden op de
wereld, laat Uw voetspoor achter
in mijn woorden.

De wereld doet haar masker van
ontzaglijkheid af voor haar minnaar.
Zij wordt klein als een enkel lied,
als één enkele kus van het eeuwige.

Het zijn de tranen van de aarde,
die haar glimlach in bloei houden.

De machtige woestijn brandt van
verlangen naar de liefde van een
grassprietje, dat zijn hoofdje schudt
en lacht en wegvlucht.

Als je tranen vergiet wanneer je de
zon mist, mis je ook de sterren.

Het zand op Uw weg vraagt om Uw
lied en Uw beweeglijkheid,
dansend water. Wilt gij de last
van zijn lamheid dragen?

Haar droefgeestig gelaat waart door al
mijn dromen gelijk de regen in de nacht.

Eens droomden wij, dat wij vreemden
waren.
Wij ontwaken en bevinden, dat we
elkander dierbaar waren.
Verdriet wordt tot vrede gesust
in mijn hart, als de avond tussen de
stille bomen.

Het scheppingsgeheim is als de
duisternis van de nacht — het is groot.
De begoochelingen der wetenschap
zijn gelijk de morgenmist.

‚Welke taal is de Uwe, o zee?'
‚De taal van het eeuwige vragen.'
‚Welke taal is Uw antwoord, o hemel?'
‚De taal van de eeuwige stilte.'

Luister, mijn hart, naar de
fluisteringen der wereld, waarmede
zij U haar liefde verklaart.

Ongeziene vingers, als een wuft
briesje, spelen de muziek van het
golfgerimpel op mijn hart.

Laat Uw liefde niet boven een afgrond
zetelen omdat zij hoog is.

Vanmorgen zit ik voor mijn venster,
waar de wereld als een voorbijganger
een ogenblik stilstaat, mij toeknikt
en gaat.

Deze kleine gedachten zijn het geritsel
van bladeren; zij houden hun
vreugde-gefluister in mijn geest.

Wat je bent zie je niet,
wat je ziet is je schaduw.

Mijn wensen zijn dwazen,
zij schreeuwen dwars door Uw
zangen heen, mijn Meester.
Laat mij slechts luisteren.

Ik kan het beste niet kiezen.
Het beste kiest mij.

Zij werpen hun schaduw voor zich uit,
die hun lantaren op hun rug dragen.

Dat ik besta is een eeuwigdurende
verbazing, die het leven is.

,Wij, ritselende blâren, hebben een
stem die de stormen antwoord geeft,
maar wie zijt gij, zo stil?'
,Ik ben enkel maar een bloem.'

Rust behoort bij het werk
als de oogleden bij de ogen.

De mens is een geboren kind,
zijn macht is het vermogen tot groei.

God verwacht antwoord voor de
bloemen, die hij ons zendt,
niet voor de zon en de aarde.

Het licht dat, als een naakt kind, tussen
de groene bladeren speelt, weet gelukkig
niet dat een mens kan liegen.

O, Schoonheid, vindt Uzelf in de liefde,
niet in de vleierij van Uw spiegel.

Mijn hart stuwt zijn golven tot aan
het strand der wereld en zet er zijn
handtekening op, in tranen,
met de woorden
,Ik heb U lief.'

,Maan, waarop wacht gij?'
,Op het begroeten van de zon,
voor wie ik plaats moet maken.'

De bomen komen omhoog naar mijn
venster als de smachtende stem
van de stomme aarde.

Het droge rivierbed ondervindt geen
dank voor zijn verleden.

Het leven vindt zijn rijkdom in de
aanspraken van de wereld, en zijn
waarde in de aanspraken der liefde.

Zijn eigen morgens zijn nieuwe
verrassingen voor God.

De vogel wenst dat hij een wolk ware.
De wolk wenst dat hij een vogel ware.

De waterval zingt: ‚Ik vind mijn lied,
wanneer ik mijn vrijheid vind.'

Ik kan niet zeggen waarnaar
dit hart in stilte smacht.
Het zijn kleine behoeften,
waarom het nimmer vraagt,
of die het niet kent of zich herinnert.

Laak Uw voedsel niet omdat
gij geen eetlust hebt.

Vrouw, wanneer gij rondgaat,
bij Uw huishoudelijke bezigheden,
dan zingen Uwe ledematen als een
bergstroompje tussen zijn kiezelstenen.

De zon gaat heen om de Westerzee
over te steken, haar laatste groet
achterlatend aan het Oosten.

De bomen, als de verlangens der aarde,
staan op hun tenen om naar de
hemel te gluren.

Je glimlachte en sprak tegen mij
over niets en ik voelde dat dit het was,
waarop ik lang gewacht had.

De vis in het water is stil,
het dier op de aarde maakt gerucht,
de vogel in de lucht zingt.
Maar de Mens heeft in zich de stilte
van de zee, het gerucht van de aarde
en de muziek van de lucht.

De wereld stormt voort over
de snaren van het dralende hart,
de muziek makend der droefheid.

Hij heeft zijn wapens
tot zijn goden gemaakt.
Wanneer zijn wapens overwinnen
lijdt hijzelf de nederlaag.

God vindt zichzelf door te scheppen.

De Schaduw, haar sluier slepend,
volgt het Licht in verholen ootmoed,
met haar stille stappen van liefde.

De sterren zijn niet bang
vuurvliegjes te lijken.

Ik dank U dat ik niet een van de
machtsraderen ben, doch één met de
levende schepselen, die erdoor
vermorzeld worden.

Terwijl de glazen lamp de aarden lamp
berispt omdat zij haar nicht noemde,
komt de maan op en de glazen lamp,
met een poeslieve glimlach, noemde haar:
‚Mijn lieve, lieve zuster.'

Het verstand, dat scherp is maar niet
breed, blijft steken bij ieder punt
en komt niet verder.

Uw afgodsbeeld wordt verbrijzeld in het
stof om te bewijzen dat Gods stof
groter is dan Uw afgodsbeeld.

De mens openbaart zichzelf niet
in zijn geschiedenis, hij worstelt zich
erdoorheen omhoog.

Zoals de ontmoeting van de
zeemeeuwen met de golven, ontmoeten
wij elkander en komen naderbij.
De meeuwen vliegen weg, de golven
rollen heen en wij gaan uiteen.

Mijn dagtaak is afgedaan, en ik ben
als een op het strand getrokken boot,
luisterend naar de dansmuziek van het
getijde in de avond.

Het leven wordt ons gegeven,
wij verdienen het door het te geven.

Wij komen het dichtst bij het grote
als we groot zijn in nederigheid.

De mus heeft met de pauw te doen
om de zware last van zijn staart.

Wees nimmer bevreesd voor de
ogenblikken — zo zingt de stem
van het eeuwigdurende.

De orkaan zoekt de kortste weg langs
waar geen weg is, en eindigt
zijn onderzoekingstocht plotseling
in het Nergens.

Drink mijn wijn uit mijn eigen beker,
vriend.
Hij verliest zijn schuimkrans bij het
overschenken in die van anderen.

Het Volmaakte tooit zich met
schoonheid omwille der liefde
van het Onvolmaakte.

God zegt tot de mens:
,Ik genees U, daarom bezeer ik;
bemin U, daarom straf ik.'

Dank de vlam voor haar licht,
maar vergeet het voetstuk van
de lamp niet, dat in de schaduw staat
met trouw geduld.

Nietig gras, Uw stappen zijn klein,
maar gij bezit de aarde onder
Uw tred.

Het bloemekind opent zijn knop
en roept uit: ,Lieve wereld,
verwelk alstublieft niet!'

God raakt vermoeid van grote
koninkrijken, maar nooit van
kleine bloemen.

Onrecht kan zich geen nederlaag
veroorloven, doch Recht wel.

‚Ik geef al mijn water met vreugde,'
zingt de waterval,
‚ofschoon weinig ervan genoeg is
voor de dorstigen.'

Waar is de fontein,
die deze bloemen opwerpt in een
onophoudelijk uitbreken van extase?

De bijl van de houthakker bedelde bij
de boom om zijn handvat.
De boom gaf het.

In de eenzaamheid van mijn hart voel ik
de zucht van deze avond —
verlaten als een weduwe —
versluierd met mist en regen.

Kuisheid is een weelde gesproten uit
overvloed van liefde.

De nevel, gelijk de liefde, bespeelt het
hart des heuvels en brengt verrassingen
van schoonheid te voorschijn.

Wij begrijpen de wereld verkeerd en
zeggen, dat zij ons bedriegt.

De dichter wind is er boven de zee
en het woud op uit om zijn eigen stem
te zoeken.

Ieder kind komt met de boodschap,
dat God nog niet ontmoedigd is
over de mensen.

Het gras zoekt zijn menigvuldigheid
op de aarde.
De boom zoekt zijn eenzaamheid
in de hemel.

De mens werpt barricaden op tegen
zichzelf.

Je stem, mijn vriend, gaat om in mijn
hart als het gedempte geluid van de zee
tussen deze luisterende pijnbomen.

Welke is die ongeziene vlam van
donkerte, welks vonken de sterren zijn?

In de dood worden de velen één;
in het leven wordt de één vele.
Religie zal één zijn wanneer
God dood is.

Laat het leven schoon zijn als
zomerbloemen en de dood
als najaarsbladeren.

Hij die goed wenst te doen klopt aan
de poort; hij die liefheeft vindt
de poort open.

De kunstenaar is de minnaar van de
Natuur, daarom is hij haar slaaf en
haar meester.

‚Hoe ver zijt gij van mij, o Vrucht?'
‚Ik ben verborgen in Uw hart, o Bloem.'

Dit verlangen gaat uit naar de ene,
die in het duister wordt gevoeld,
doch bij daglicht niet gezien.

‚Jij bent de grote dauwdrop onder het
lotosblad, ik ben de kleine op zijn
bovenzijde,' zei de dauwdrop
tot het meer.

De schede is tevreden bot te zijn
als zij de scherpte van het zwaard
beschermt.

In het donker verschijnt het Ene als
eenvormigheid; in het licht verschijnt
het Ene als menigvuldigheid.

De grote aarde maakt zich
herbergzaam met de hulp
van het gras.

Geboorte en dood der bladeren zijn
de snelle wervelingen der draaikolk,
welker wijder kringen langzaam
omgaan tussen de sterren.

Ik denk aan andere eeuwen,
die dreven op de stroom van leven
en liefde en dood en die vergeten zijn,
en ik voel de bevrijding van voorbij
te gaan.

Wees stil, mijn hart,
deze grote bomen zijn gebeden.

Macht sprak tot de wereld:
,Gijt zijt mijn.'
De wereld hield haar gevangen
op haar troon.
Liefde sprak tot de wereld:
,Ik ben de Uwe.'
De wereld gaf haar de vrije beschikking.
over haar huis.

De mist is als het verlangen der aarde.
Hij verbergt de zon om wie zij roept.

Het lawaai van het ogenblik beschimpt
de muziek van het Eeuwige.

De bedroefdheid van mijn ziel is
haar bruidssluier.
Zij wacht tot ze in de nacht
wordt opgelicht.

Het stempel des Doods geeft waarde
aan de munt van het leven;
het mogelijk makend om met het
leven te kopen wat waarlijk kostbaar is.

De wolk stond nederig in een hoek
van de hemel.
De morgen kroonde haar met luister.

Het stof ondergaat krenking en biedt
in ruil daarvoor bloemen aan.

Blijft niet dralen met het vergaren
van bloemen om ze te bewaren,
maar ga voort, want langs geheel
Uw weg zullen aldoor bloemen bloeien.

Wortels zijn twijgen onder de grond.
Twijgen zijn wortels in de lucht.

De muziek van de verre zomer
fladdert rond de herfst, op zoek
naar haar vroeger nest.

Beledig Uw vriend niet door hem
verdiensten te verlenen uit Uw
eigen zak.

De aanraking der naamloze dagen
hecht zich vast aan mijn hart
als het mos rondom de oude boom.

De echo bespot haar oorsprong om
te bewijzen dat ze oorspronkelijk is.

God schaamt zich wanneer de
voorspoedige zich beroemt
op zijn bijzondere gunst.

Ik werp mijn eigen schaduw op
mijn pad, omdat ik een lamp heb,
die niet is aangestoken.

De mens begeeft zich onder
de luidruchtige menigte om
zijn eigen roep om stilte te smoren.

Dat wat in uitputting eindigt
is de dood, doch het volmaakte
eindigen is in het eindeloze.

De zon heeft haar
eenvoudige kleed van licht.
De wolken zijn getooid
met pracht en praal.

De heuvels zijn als juichkreten van
kinderen, die hun armen opheffen,
trachtend de sterren te grijpen.

De weg is eenzaam in de drukte
van het gedrang,
want hij wordt niet bemind.

De kracht, die pocht op haar
kwaaddoen, wordt uitgelachen door
de gele bladeren, die vallen en door
wolken, die voorbijtrekken.

De aarde neuriet vandaag voor mij in
de zon, als een vrouw, bezig met spinnen,
de een of andere ballade uit de
oude tijd in een vergeten taal.

De grashalm is dezer grote wereld
waardig waar hij groeit.

De droom is een vrouw
die praten moet, de slaap is een
echtgenoot die in stilte lijdt.

De nacht kust de welkende dag, hem
in het oor fluisterend: ,Ik ben de dood,
je moeder. Ik moet je opnieuw
doen geboren worden.'

Ik voel Uw schoonheid, donkere
nacht, als die der beminde vrouw
wanneer zij de lamp heeft uitgedaan.

Ik voer in mijn bloesemende wereld
de werelden die gefaald
hebben mede.

De vogel denkt, dat het een
vriendelijke daad is om de vis
een uitstapje in de lucht te bezorgen.

Mijn vriend, ik voel het zwijgen Uwer
grote gedachten van menig duisterend
avondgetij aan dit strand wanneer
ik luister naar de golven.

,In de maan zendt Gij mij Uw
liefdesbrieven toe,' zei de nacht
tegen de zon.
,Ik laat mijn antwoord in tranen
achter op het gras.'

De Grote is een geboren kind;
wanneer hij sterft geeft hij
zijn grote kindsheid aan de wereld.

Geen hamerslagen, maar het
dansen van het water zingt de
kiezelstenen tot volmaaktheid.

Bijen zuigen honing uit de bloemen
en zoemen hun dank
bij het heengaan.
De bonte vlinder is er zeker van
dat de bloemen hem dank
verschuldigd zijn.

Openhartig te zijn is gemakkelijk
wanneer gij niet wacht tot het
uitspreken der volledige waarheid.

Het Mogelijke vraagt aan het
Onmogelijke: ,Waar is uw woonplaats?'
,In de dromen der machtelozen,'
komt als antwoord.

Indien gij Uw deur sluit voor
alle dwalingen, zal de waarheid
buitengesloten zijn.

Ik hoor enig geritsel van dingen
achter de bedroefdheid van mijn hart,
— ik kan ze niet zien.

Ontspanning, in haar
bedrijvigheid, is werk.
De stilte der zee beweegt in golven.

Het blad wordt bloem
wanneer het bemint.
De bloem wordt vrucht
wanneer zij aanbidt.

De wortels onder de grond eisen
geen beloning voor het
vruchtdragend maken der takken.

Deze regenachtige
avond is de wind rusteloos.
Ik kijk naar de zwaaiende
takken en mijmer over de
grootheid aller dingen.

Middernachtstorm, wakker
geworden als een reuzenkind
in het ontijdig donker, is
begonnen te spelen en te roepen.

Gij laat tevergeefs Uw golven
zich verheffen om uw minnaar
te volgen, o zee, gij
eenzame bruid van de storm.

‚Ik ben beschaamd over mijn
leegheid,' zegt het Woord tot het Werk.
‚Ik weet hoe arm ik ben
als ik U zie,' zegt het
Werk tot het Woord.

Tijd is de rijkdom der
verandering, doch de klok met haar
parodie maakt hem tot louter
verandering en geen rijkdom.

De waarheid vindt haar
kleed van feiten te strak.
In verdichtsel beweegt
zij zich met gemak.

Laat ik bedenken, dat
er onder die sterren één is,
die mijn leven geleidt door het
duistere onbekende.

Toen ik hier en daar heenreisde
was ik beu van U, o Weg,
doch waar gij mij thans naar overal
voert ben ik in liefde met U verbonden.

Vrouw, met de gratie Uwer
vingers raaktet gij aan mijn zaken
en orde ontstond, als muziek.

Eén droeve stem heeft haar
nest tussen het puin der jaren.
En zingt in de nacht
mij toe: ,Ik had U lief.'

Met zijn eigen gloed waarschuwt
het vlammende vuur mij weg te gaan.

Behoed mij voor de dovende sintels,
verborgen onder de as.

Ik heb mijn sterren in het uitspansel.
Maar o, om mijn kleine lamp,
onaangestoken in mijn huis.

Het stof der dode woorden,
klampt zich aan U vast.
Was Uw ziel met stilte.

Gapingen zijn er in het leven
gelaten, waar doorheen de
droeve muziek komt van de dood.

Gods grote macht is in het
zachte koeltje, niet in de storm.

De wereld heeft in de morgen haar
hart van licht geopend. Treed haar,
mijn hart, met Uw liefde tegemoet.

Mijn gedachten glinsteren met deze
glinsterende bladeren en mijn hart zingt
met het trillen van dit zonlicht; mijn
leven is verheugd zwevende
te zijn met alle dingen naar
het blauw van de ruimte, naar
het duister van de tijd.

Dit is de droom waarin alle
dingen los zijn van elkander; en zij
benauwen. Ik zal ze
verzameld vinden in U als ik
wakker word en vrij zal zijn.

,Wie is er om de dienst van mij
over te nemen?' vroeg de dalende zon.
,Ik zal doen wat ik kan, mijn Meester,'
sprak de aarden lamp.

Door haar blaadjes te plukken
vergaart ge niet de schoonheid
van de bloem.

De stilte zal Uw stem
dragen gelijk het nest, dat de
slapende vogels bevat.

Het Grote gaat samen met
het Kleine zonder vrees. Het
Middelmatige houdt zich afzijdig.

De nacht opent de bloemen
in het geheim en staat de dag toe
ervoor bedankt te worden.

Het gezag beschouwt de
kronkelingen van zijn slachtoffers
als ondankbaarheid.

Wanneer wij ons verblijden in
onze volheid, dan kunnen wij
met vreugde afstand doen
van onze vruchten.

De regendroppels kusten de aarde en
fluisterden: ,Wij zijn Uw kinderen,
moeder, ziek van heimwee
uit de hemel bij U teruggekomen.'

Het spinneweb geeft vóór dauwdroppen
te vangen en vangt vliegjes.

Liefde, wanneer gij komt met de
brandende lamp der smart in Uwe hand,
dan kan ik Uw gelaat zien
en U kennen als het heil.

,De geleerden zeggen, dat jullie licht
er eens niet meer zijn zal,'
zei de glimworm tegen de sterren.
De sterren gaven geen antwoord.

Gedachten trekken voorbij in mijn
geest als zwermen eendvogels
in de lucht. Ik hoor
het gerucht van hun vleugels.

In het schemerdonker van de avond
komt de vogel van een of andere vroege
dageraad naar het nest van mijn
zwijgzaamheid.

Het kanaal gelooft graag,
dat rivieren alleen bestaan
om hem van water te voorzien.

De wereld heeft mijn ziel gekust
met haar smart,
liederen ervoor terugvragend.

Wat mij benauwt, is het mijn ziel,
die tracht uit te treden in het wijde,
of de wereldziel, die aan mijn hart
klopt om binnengelaten te worden?

De gedachte voedt zich met
haar eigen woorden en groeit.

Ik heb het schip van mijn hart
ondergedompeld in dit stille uur;
het is vol liefde gelopen.

Of je hebt werk, òf je hebt het niet.
Wanneer je moet zeggen:
,Laat ons wat gaan doen,'
dan begint het kwaad.

De zonnebloem bloosde erom de
naamloze bloem als haar verwante
te erkennen.
De zon verrees en glimlachte tegen
haar, zeggend: ,Gaat het goed met je,
mijn lieveling?'

,Wie jaagt mij voort gelijk het noodlot?'
,De Ikzelf,
die op mijn rug rijdt.'

De wolken vullen de waterbeken
der rivier, zichzelve schuil houdend
in de verre bergen.

Ik mors water uit mijn waterkruik
onder het voortgaan op mijn weg.
Heel weinig blijft er over
voor thuis.

Uw glimlach was het gebloemte
van Uw eigen velden, Uw spraak
was het geritsel van Uw eigen
bergdennen, maar Uw hart was de vrouw
die wij allen kennen.

Het water in een schip is blinkend;
het water in de zee is donker.
De kleine waarheid heeft
woorden die helder zijn; de grote
waarheid heeft grote stilte.

Het zijn de kleine dingen die ik
achterlaat voor mijn beminden, —
grote dingen zijn voor iedereen.

Vrouw, gij hebt het hart der wereld
met de diepte van Uw tranen omringd
zoals de zee het de aarde deed.

De zonneschijn groet mij
met een glimlach.
De regen, zijn bedroefde zuster,
spreekt tot mijn hart.

Mijn eendagsbloem laat haar
blâren vallen en vergeten raken.
In de avond rijpt zij tot een
gouden vrucht van herinnering.

Ik ben als de weg in de nacht,
luisterend naar de voetstappen van
zijn herinneringen in stilte.

De avondhemel lijkt mij een
venster, en een aangestoken
lamp, en een wachten daarachter.

Hij die tè bezig is met goed te
doen vindt geen tijd om goed te zijn.

Ik ben de najaarswolk, leeg van
regen; zie mijn volheid in het
veld met rijpe rijst.

Zij haatten en doodden en
de mensen prezen hen.
Maar God haast zich beschaamd de
herinnering eraan onder het
groene gras te verbergen.

Tenen zijn vingers, die hun
verleden hebben verzaakt.

Duisternis reist naar het licht,
doch blindheid naar de dood.

Het schoothondje verdenkt het
heelal ervan een plan te beramen
om zijn plaats te komen innemen.

Zit stil, mijn hart, doe
geen stof opwaaien.
Laat de wereld
haar weg vinden tot U.

De boog fluistert tegen
de pijl vóór hij heensnelt:
,Jouw vrijheid is de mijne.'

Vrouw, in Uw lach hebt gij
de muziek van de fontein des levens.

Een geest, geheel en al logica, is
als een mes geheel en al lemmet.
Het doet de hand,
die het gebruikt, bloeden.

God bemint de lamplichten
der mensen meer dan
zijn eigen grote sterren.

Deze wereld is de wereld
der wilde stormen, tam gehouden
met de muziek der schoonheid.

,Mijn hart is als het
gouden koffertje van Uw kus,' zei
de wolk tot de ondergaande zon.

Door aan te raken kunt gij doden,
door op een afstand
te blijven kunt gij bezitten.

Het gesjirp van de krekel en het
gekletter van de regen komen
door het donker tot mij als ritselende
dromen van mijn voorbije jeugd.

‚Ik heb mijn dauwdrop
verloren,' roept de bloem
tot de ochtendhemel,
die al zijn sterren verloren heeft.

Het brandende houtblok barst
in vlammen uiteen en schreeuwt:
‚Dit is mijn bloei, mijn dood.'

De wesp denkt dat de
korf der naburige bijen te klein is.
Zijn buren vragen hem
een nog kleinere te bouwen.

‚Ik kan Uw golven niet behouden,'
zegt de zandbank tegen de rivier.
‚Laat mij Uw voetsporen
in mijn hart houden.'

De dag overstroomt met
lawaai van deze kleine aarde
de stilte aller werelden.

Het lied ervaart het oneindige in
de lucht, het schilderij in de aarde,
het gedicht in de lucht en de aarde.
Want zijn woorden hebben
betekenis die gaande
en muziek die zwevende is.

Als de zon neergaat naar
het Westen, staat het Oosten van
haar morgen zwijgend voor haar.

Laat ik mijzelf niet verkeerd
instellen op mijn wereld en
haar tegen mij opzetten.

Jonkvrouw, Uw eenvoud, als
het blauw van het meer,
openbaart Uw waarachtigheid.

Laat mijn niets doen als ik
niets te doen heb zo ongerept worden
in zijn vredige diepte als de avond aan
het zeestrand wanneer het water stil is.

Lof beschaamt mij, want
heimelijk bedel ik erom.

Het beste komt niet alleen,
Het komt in gezelschap van het al.

Gods rechterhand is zacht, doch
vreselijk is zijn linkerhand.

Mijn avond kwam tussen de
vreemde bomen en sprak in een taal,
die mijn morgensterren niet kenden.

Het nachtelijk donker is een baal,
die openbarst door het
goud van de dageraad

Ons verlangen verleent de kleuren
van de regenboog aan wat louter
de nevels en dampen van het leven zijn.

God wacht om zijn eigen bloemen
terug te winnen als gaven
uit mensenhanden.

Mijn droevige gedachten
plagen mij door me hun eigen
namen te vragen.

De taak van de vrucht is kostbaar,
de taak van de bloem is liefelijk,
doch laat mijn taak,
de taak van de bladeren wezen
in haar schaduw van nederige toewijding.

Mijn hart heeft zijn zeilen
uitgespreid op de ijdele winden
naar het schemerig eiland Ergens.

De mensen zijn wreed, maar
de Mens is vriendelijk.

Maak mij tot Uw beker
en laat mijn volheid voor U
en de Uwen zijn.

De storm is als de schreeuw
van een god in nood, wiens
liefde de aarde afwijst.

De wereld is niet lek
omdat de dood geen barst is.

Het leven is rijker geworden door de
liefde, die verloren is gegaan.

Mijn vriend, Uw hart schitterde
met de rijzende zon van het Oosten
gelijk de sneeuwige top van
eenzame berg in de dageraad.

De fontein des doods doet
het stille levenswater opspringen.

Zij die alles hebben behalve U,
mijn God, lachen hen uit,
die niets hebben dan Uzelf.

De voortgang des levens heeft zijn
rust in zijn eigen muziek.

Schoppen doen alleen stof van
de aarde opkomen en geen oogsten.

Onze namen zijn het licht,
dat 's nachts op de baren
der zee gloeit en dan uitdooft
zonder een teken achter te laten.

Laat hem alleen
de doornen zien, die ogen heeft
om de roos te zien.

Vat de vleugels van
een vogel in goud en hij zal
nimmermeer ten hemel stijgen.

In het perspectief van het hart
welft de afstand zich wijd.

Dezelfde lotos van ons klimaat
bloeit hier in het vreemde water
met dezelfde lieflijkheid, onder
een andere naam.

De maan heeft haar licht over
heel de hemel, haar donkere
vlekken voor zichzelf.

Zeg niet: ,Het is ochtend,'
en doe het verder af
met een naam van gisteren.
Zie het voor de eerste maal
als een pasgeboren kind, dat
geen naam heeft.

Rook bluft tegen de hemel,
en As tegen de aarde, dat ze
broeders zijn van het vuur.

De regendroppel fluisterde
tot de jasmijn: ,Houd mij voor
altijd in Uw hart.'
De jasmijn zuchtte ,Helaas',
en viel op de grond.

Bedeesde gedachten,
weest niet bang voor mij.
Ik ben een dichter.

De doffe stilte van mijn geest
lijkt vervuld van krekelgesjirp
– de grijze schemering van klank.

Vuurpijlen, Uw belediging aan de
sterren volgt U naar de aarde terug.

‚Hoe kan ik U bezingen en aanbidden,
o Zon?' vroeg de kleine bloem.
‚Door de simpele stilte van Uw
reinheid,' antwoordde de zon.

Dit leven is het oversteken van
een zee, waar wij tesamenkomen
in hetzelfde smalle schip.
In de dood bereiken wij de kust
en gaan naar onze verschillende
werelden.

De stroom der waarheid vloeit
door zijn kanalen van vergissingen.

Mijn hart heeft vandaag heimwee
naar het ene lieflijke uur
aan gene zijde van de zee des tijds.

Het vogellied is de echo
van het morgenlicht,
welke de aarde teruggeeft.

,Ben je te trots om mij te kussen?'
vraagt het morgenlicht
aan de boterbloem.

Gij hebt mij door mijn drukke
dagreizen tot mijn avondlijke
eenzaamheid geleid.
Ik wacht op haar beduidenis
door de stilte van de nacht.

De mens is slechter dan een dier
wanneer hij een dier is.

Donkere wolken worden hemelbloemen
wanneer het licht hen kust.

Laat de kling van het zwaard
zijn gevest niet bespotten
omdat het stomp is.

De nachtelijke stilte brandt
als een diepe lamp met het licht
van zijn melkweg.

Rondom het zonnige eiland
des Levens zwelt dag en nacht
Doods eindeloze lied van de zee.

Is deze berg niet gelijk een bloem,
het zonlicht drinkend
met de bloembladen zijner hellingen?

Het werkelijke met zijn verkeerd
begrepen betekenis en
misplaatste nadruk is het onwerkelijke.

Zoek Uw schoonheid, mijn hart,
in het bewegen der wereld,
zoals de boot, die de
gratie heeft van wind en water.

De ogen zijn niet trots op hun
gezichtsvermogen, doch op
hun brilleglazen.

Ik leef in deze mijn kleine wereld en ben
bevreesd haar met het minste
te verminderen. Hef mij op tot Uw
wereld en laat mij vrij worden
en mijn alles met graagte verliezen.

Het onware kan nooit tot waarheid
worden door in macht toe te nemen.

Mijn hart, met zijn overvloeiende
zanggolven, verlangt ernaar
de groene wereld van deze
zonnige dag te strelen.

Gras langs de wegkant,
bemin de ster, dan zullen Uw
dromen in bloemen ontluiken.

Laat Uw muziek, als een zwaard,
het marktgeraas doorboren
tot in zijn hart.

De trillende bladeren van deze boom
beroeren mijn hart
gelijk de vingers van een kindeke.

De kleine bloem ligt in het stof.
Zij zocht de weg van de vlinder.

Ik ben in de wereld der wegen.
De avond valt. Open Uw poort,
gij wereld van het tehuis.

Ik heb de liederen
van Uw dag gezongen.
Laat mij, als het avond wordt,
Uw lamp dragen langs het
stormachtige pad.

Ik vraag U niet
mijn huis binnen te treden.
Kom in mijn eindeloze eenzaamheid,
mijn Minnaar.

De nachtbloem was laat
toen de morgen haar kuste, zij
huiverde en zuchtte
en viel op de grond.

Door de droefheid aller dingen heen
hoor ik de Eeuwige
Moeder haar lied neuriën.

De dood behoort bij het leven
evenals de geboorte.
Het lopen is in het optillen
van de voet evenals in het neerzetten.

Ik heb de simpele betekenis Uwer
fluisteringen in bloemen en zonneschijn
verstaan - leer mij Uw woorden te
onderkennen in pijn en dood.

Ik kwam tot Uw kust als vreemdeling,
ik woonde in uw huis als gast,
ik ga van Uw deur heen als vriend,
mijn aarde.

Ontsteek in mijn hart de avondster
der rust en laat dan de
nacht tot mij van liefde fluisteren.

Laat mijn gedachten tot U komen,
wanneer ik ben heengegaan, als
het nagloeien van zonsondergang
aan de rand van besterde stilte.

Ik ben een kind in het donker.
Ik strek mijn handen door de
sprei van de nacht uit naar U, Moeder.

Het dagwerk is af.
Verberg mijn gezicht in Uw armen,
Moeder. Laat mij dromen.

De lamp des samenzijns brandt lang;
zij gaat in een oogwenk uit
bij het afscheid.

Bewaar één woord voor mij in
Uw stilte , o Wereld, wanneer
ik dood ben: ,Ik heb liefgehad.'

Wij leven in deze wereld
als wij haar liefhebben.

Laat de doden de onsterfelijkheid
hebben van de roem, doch
de levenden de
de onsterfelijkheid der liefde.

Ik heb U gezien zoals het halfontwaakte
kind zijn moeder ziet bij het schemeren
van de dag, en dan glimlacht
en weer inslaapt.

Ik zal sterven, keer op keer,
om te weten dat het leven
onuitputtelijk is.

Toen ik onder de menigte de straat
door kwam, zag ik Uw glimlach
vanaf het balcon en ik zong
en vergat al het lawaai.

De liefde is het leven
in zijn volheid gelijk de beker
met zijn wijn.

Zij steken hun eigen lampen aan
en zingen hun eigen woorden
in hun tempels.
Maar de volgels zingen Uw naam
in Uw eigen morgenlicht,
- want Uw naam is Vreugde.

Leid mij in het binnenste
van Uw stilte, om mijn hart met
liederen te vullen.

Laat hen, die dit verkiezen,
leven in hun eigen sissende wereld
van vuurwerk. Mijn hart verlangt
naar Uw sterren, mijn God.

Liefdes smart zong rondom mijn leven
als de peilloze zee, en liefdes vreugde
zong gelijk de vogels in zijn
bloesemende bossages.

Doof de lamp wanneer gij het wenst.
Uw duisternis zal mij bekend zijn
en ik zal haar beminnen.

Wanneer ik voor U sta aan het einde
van de dag zult gij mijn littekens zien
en weten, dat ik gewond werd
en ook, dat ik genas.

Eens zal ik tot U zingen in de
dageraad van een andere wereld:
,Ik heb U eerder aanschouwd,
in het licht van de aarde,
in de liefde van mensen.'

De waarheid doet de storm
tegen zich opsteken, die haar zaden
in het wijde uitstrooit.

De storm van vannacht
heeft deze morgen gekroond met
gouden vrede.

Wolken komen in mijn leven drijven
van andere dagen, niet langer om
regen te vergieten of om storm aan
te kondigen, maar om
kleur te geven aan de hemel
van mijn zonsondergang.

De waarheid schijnt te komen met
haar laatste woord; en het
laatste woord geeft geboorte
aan het daarop volgende.

Gezegend hij wiens roem
zijn waarachtigheid niet overstraalt.

De stille nacht heeft de schoonheid
van de moeder en
de luidruchtige dag die van het kind.

Zoetheid van Uw naam
vervult mijn hart wanneer ik de
mijne vergeet - gelijk Uw morgenzon
wanneer de nevel opgelost is.

De wereld beminde de mens toen hij
glimlachte. De wereld werd bang
voor hem toen hij lachte.

God wacht erop dat de mens zijn
kindsheid overwint in wijsheid.

Laat mij deze wereld voelen als
Uw liefde, die vorm aanneemt; dan zal
mijn liefde haar helpen.

Uw zonneschijn glimlacht op de
winterdagen van mijn hart, nimmer
twijfelend aan zijn voorjaarsbloemen.

God kust het eindige
in zijn liefde en de
mens het oneindige.

Gij doorschrijdt woestijnen
van dorre jaren om het ogenblik
der vervulling te bereiken.

Gods zwijgen doet de gedachten
van de mens tot spraak rijpen.

Eeuwige Reiziger, Gij zult
Uw voetstappen in mijn
liederen afgedrukt vinden.

Laat mij U niet beschamen, Vader,
die Uw glorie in Uw
kinderen ontvouwt.

Vreugdeloos is de dag, het licht
onder fronsende wolken is als
een bestraft kind met sporen van
tranen op zijn bleke wangen, en de
schreeuw van de wind is als
de schreeuw van een gewonde wereld.
Maar ik weet, dat ik op weg ben om
mijn Vriend te ontmoeten.

Vanavond is er een bewegen tussen de
palmbladeren, een aanzwellen van de zee,
Volle Maan, als de harteklop der
wereld. Van welk onbekend uitspansel
hebt gij in Uw stilte het
smartelijk geheim der liefde
meegevoerd?

Ik droom van een ster,
een eiland van licht, waar ik
geboren zal worden en in de
diepte van zijn vurige vrijheid
zullen de werken van
mijn leven rijpen
als het rijstveld
in de herfstzon.

De geur der vochtige aarde
in de regen stijgt op als
een grote lofzang van de
stemloze menigte der geringen.

Dat de liefde ooit verliezen kan
is een feit, dat wij niet als
waarheid kunnen aannemen.

Laat mij waarlijk leven,
mijn Heer, zo dat de dood
waar voor mij worde.

Wij zullen eenmaal weten, dat de dood
ons nooit beroven kan van
hetgeen onze ziel gewonnen heeft,
want haar winst is één met haarzelf.

God komt tot mij in het schemerdonker
van de avond met de
bloemen van mijn verleden,
fris gehouden in zijn korf.

De geschiedenis van de mens
is het geduldig wachten op
de triomf van de beledigde mens.

Ik verlang naar het Eiland der
Zangen aan gene zijde van
deze deinende Zee der Kreten.

Wanneer al de snaren van mijn leven
gestemd zullen zijn, mijn Meester,
dan zal bij elke van Uw aanrakingen
de muziek der liefde weerklinken.

Ik voel in dit moment Uw starende blik
op mijn hart gelijk de zonnige
ochtendstilte op de verlaten akker,
waar het oogsten is afgelopen.

Ik heb de top beklommen en vond
geen beschutting op roems kille en
kale hoogte. Leid mij, mijn Gids,
vóór het licht gaat tanen, naar het dal
der rust, waar de oogst des levens
allengs tot gouden wijsheid rijpt.

Het voorspel van de nacht wordt ingezet
met muziek van de zonsondergang,
in zijn plechtige hymne
aan de onuitwisbare duisternis.

Der dingen uitzicht is fantastisch in de
vaagheid van de schemer - de
torenspitsen, welker voetstuk
in het donker verloren is, en
boomkruinen als inktmoppen. Ik zal
wachten tot de morgen en ontwaken
om Uw stad in het licht te zien.

Er zijn uitgestrektheden in mijn leven,
die dor en stil zijn. Dat zijn de open
plekken, waar mijn bezige
dagen hun licht en lucht hadden.

Ik heb geleden en gewanhoopt
en de dood gekend en ik ben blij,
dat ik op deze grote wereld ben.

Verlos mij van mijn onvervuld
verleden, dat zich van achteren
aan mij vastklemt en de
dood moeilijk maakt

Laat dit mijn laatste woord zijn,
dat ik geloof in Uw liefde.